그늘이 그늘의 손을 잡고

노혜숙 포토에세이

그늘이 그늘의 손을 잡고

수필과비평사

그늘은 햇볕의 얼룩, 바람을 다독이는 힘….

프롤로그

처처가 안갯속이었다.
사는 게 원래 그런 것임을 늦게야 알았다.
안갯속 헤치고 여기까지 왔다.
많은 궤적들이 그늘에 닿아 있다.
그 언저리에서 볕을 품고 싶었던 안간힘,
그 편린들을 사진과 짧은 글로 엮는다.
변변찮은 다짐들이 많을 것이다.
그대로 나다.
진심이었냐는 물음은
살면서 스스로에게 물을 것이다.

푸른 별에 내려와 나의 그늘에
볕이 되어준 인연들에 감사하며….

       2022 초여름
       노혜숙

c o n t e n t s

프롤로그 ——— 9

1

뒤척이다 ——— 25
가로등 ——— 27
쓸모없음의 쓸모 ——— 28
꽃멀미 ——— 31
달의 뒤쪽 ——— 33
석포리의 겨울 ——— 35
의자 ——— 37
못 ——— 38
등잔불 아래서 ——— 41
스미다 ——— 43

2

코로나 1학년 ——— 51

友 ——— 52

모순 ——— 54

구멍 ——— 57

얼룩 ——— 59

거리 두기 ——— 61

불편한 그림 ——— 63

오해 ——— 65

클래식과 상추 ——— 66

심연 ——— 69

3

곧추세우다 ——— 76

득음 ——— 79

달팽이 뒷간 ——— 81

고도를 기다리며 ——— 82

관계의 지문 ——— 84

달동네 ——— 87

엄마 ——— 89

혼술 ——— 90

얼굴 ——— 93

간이역 ——— 95

4

단풍 ——— 103

바람 ——— 104

동토의 어둔 시간을 건너 ——— 106

사랑 ——— 109

羽化 ——— 110

보내고 나서야 안다 ——— 113

해넘이 ——— 115

시간의 그림자에 지나지 않는다 해도 ——— 116

착각 ——— 119

너에게 가는 길 ——— 121

5

국광 사과 ——— 128
소풍 ——— 131
어미 ——— 133
지상의 별 ——— 134
풍경 ——— 136
모방 ——— 139
흔들리며 산다 ——— 141
오래된 이야기 ——— 142
분홍 코끼리 ——— 145
한 줌 재가 될지라도 ——— 147

6

웃음 ──── 154

절창 ──── 156

복제 ──── 159

줄 ──── 161

허상 ──── 162

와화瓦花 ──── 164

소금창고 ──── 167

노을 ──── 169

인어공주 ──── 171

숨 ──── 173

7

You ―― 181

허공 ―― 182

편도 티켓 ―― 185

시키는 대로 ―― 187

한 장의 사진 ―― 188

빈손 ―― 191

흑·백 ―― 193

그림자 ―― 194

종묘 앞에서 ―― 197

코로나 시대 ―― 199

에필로그 ―― 205

빛과 어둠이 섞이고 스미는 일이 이렇게나 고요하고 가뭇없다니….

1

뒤척이다
가로등
쓸모없음의 쓸모
꽃멀미
달의 뒤쪽
석포리의 겨울
의자
못
등잔불 아래서
스미다

뒤척이다

오래된 풍경 속에서 잊힌 채 잠들어 있던 내 안의 기억들을
만난다. 낡은 풍경 속에서 풀려나온 기억의 한 끄트머리가
풍화된 추억을 재현해낼 때 나는 오롯이 잃어버린 시간과
재회한다. 회억의 정서란 다분히 낭만 일색이기 쉽지만
외면하고 싶은 상처와의 대면이기도 하다. 마른 덤불에 숨어
삭히던 사춘기 적 외로움, 깊은 겨울 아버지의 잔기침 소리,
어느 저녁 늦도록 장에서 돌아오지 않는 어머니를 기다리던
때의 불안, 뒤울안 향나무 아래 묻어준 누렁이….
그리운 것들은 언제나 저 너머에 있고 나는 이따금 슬픔의
그림자를 거느린 그 풍경 속을 뒤척인다.

가로등

어둠을 슬어놓고 해가 졌다.
능선이 순한 이마를 뉘고 먹빛으로 잠잠하다.
들녘도 고즈넉이 숨을 고르는 시간,
무심코 창밖으로 시선을 던지면
익숙한 풍경 하나 눈에 들어온다.
들길 한가운데 우두커니 선 가로등.
고개 꺾인 남정네처럼 겨우 제 앞을 비추고 있다.
물끄러미, 애잔한 눈길 끝에 빈들에 선 그가 보인다.
제 그림자 밟으며 터벅터벅 둥지로 돌아올 그 사람이.
등불 하나 켜 들고 곁에,
나란히 서고 싶다.

쓸모없음의 쓸모

큰 놈이라고 잘난 체 거드름 피우지 않고 작은 놈이라고 기죽어 몸을 사리지 않는다. 되는대로 들쭉날쭉 자리 잡고 앉은 모양새지만 보면 볼수록 꼭 있을 자리에 있다. 모가 나서 생긴 틈을 모가 난 다른 돌이 메워준다. 작은 돌이 큰 돌을 떠받치고 큰 돌은 작은 돌을 품어 줄을 맞춘다. 모자란 것으로 모자란 것을 채운다. 어슷비슷 기대거나 얼싸안은 막돌들의 자연스런 조합이 멋스럽다. 판판하게 깎아 다듬은 돌담에선 느낄 수 없는 고졸한 멋이 있다. 그저 경계일 뿐 그 어떤 방어태세나 위압감이 느껴지지 않는다. 닮음이 주는 편안함 속에 문득 한 생각이 스친다. 크고 작음의 우열이나 미추의 구별이 없는 동일한 쓸모, 쓸모란 쓸모없음의 안받침을 통해 완성되고 쓸모의 최대 효용은 조화의 아름다움이라는 것. 머릿속의 쓸모가 아니라 사물 자체의 쓸모를 이용해 만들어낸 조화다.

꽃멀미

국밥집 마당 벚꽃나무에선 바람이
불 때마다 눈발처럼 꽃잎이 떨어져 내렸다.
"꽃이 피어버렸어…." 밑도 끝도 없이
그렇게 문자를 보낸 친구를 떠올렸다.
막 꽃이 피기 시작할 무렵이었다. 봄꽃은
피면서 이내 졌다. 속절없음. 그들에게
그것은 생존의 질서였고 법칙이었다.
그러나 이순을 넘어버린 여자에게 '진다'는
것은 생의 마디가 잘리는 일이었다.
'피다'와 '피어버리다' 사이의 이 아득한
간극이라니. 국밥보다 더 뜨거운 한숨이
후우 새어나왔다. 국밥을 뜨다 말고
남편은 건성 말을 듣고 있는 내게 눈을
흘겼다. 생각의 속도는 말을 앞지른다.
그가 단어와 단어를 건너는 사이사이 내가
한눈을 팔게 된 건 생각의 속도 때문만은
아니었다. 범인은 낙화落花였다. 안개
걷히고 아지랑이 같은 햇살 풀어놓는
나른한 한낮, 대책 없는 봄날의 멀미
탓이었다.

달의 뒤쪽

애초 모서리는 없었습니다.
당신은 언제나 둥글었고 한결같이
제 궤도를 따라 운행할 뿐이었습니다.
모서리는 내 안의 어둠이
만들어낸 불안이고 두려움이었습니다.
생이 이울어서야 달의 뒤쪽이 보입니다.
보이지 않던 나의 뒤쪽도 보입니다.
나의 뒤쪽과 당신의 뒤쪽이 어긋나면서
일어나는 진동이 인생사임을 알겠습니다.
상대의 모서리가 이울고 차는 동안
묵묵히 기다릴 일입니다. 섞이고 스미는
진동의 시간을 즐길 일입니다.
어느새 내 모서리에도 살이 붙고 둥글게
부풀어 오르기 시작했습니다.
만월을 꿈꾸는 밤이 깊고 환합니다.

석포리의 겨울

연일 폭설이 내렸다. 논밭의 경계가
지워지고, 몇 안 되는 인가는 눈 속에
묻혀 적막했다. 어린 가시나무들은
잔바람에도 몸을 떨었다. 늙은 감나무
혼자 빈 밭에 서서 눈보라를 맞았다.
사람의 기척이라곤 들길 위에 난
바퀴자국뿐이었다. 길은 휘고 꺾이면서
석포리 목장으로 이어졌다. 밤이면
희미한 가로등에 의지해 더듬어 걸어야
하는 농로였다. 사람이 그리워지는 겨울,
노인들은 부릉거리며 트럭이 지나가는
소리를 듣고 안도의 숨을 쉬었다. 기척이
기척을 보듬고, 석포리의 겨울은
그렇게 고요히 깊어갔다.

의자

저 의자는 뿌리의 기억을 가지고 있을까. 그를 키우던 바람과 햇살과 깊은 땅속 서늘한 물비린내의 기억을 가지고 있을까. 숨 가쁘게 높이를 다투며 품을 늘리던 여름날의 열정을 기억하고 있을까. 그의 가지에 깃들어 세레나데를 부르던 새들의 희롱을 기억하고 있을까. 무성한 그늘 드리우며 푸른 기개를 떨치던 한때의 영화를 기억하고 있을까.

치장을 벗어던진 알몸의 뼈마디엔 주인의 생을 받쳐주던 흔적이 고스란하다. 반듯하던 네 각은 무너지고 관절은 헐거워져 바람의 무게조차 버거워 보인다. 오랜 직립의 기능을 잃고 마침내 바닥에 누웠다. 돌아보는 한생의 기억이 매끄럽지만은 않을 것이다. 수직으로 뻗어 오르던 날의 저 도도한 기억은 아스라하고, 가난한 주인의 고통과 슬픔을 제 안에 새기며 함께 쇄락해온 기억만 생생할지 모른다.

한순간 뿌리의 기억을 더듬어보기도 하겠으나 여전히 어디로 와서 어디로 가는지는 미궁일 테다. 한줌 재로 스러지는 것이 헌신의 보상이라 해도 슬플 일은 없다. 나무·의자·사물 그리고 다시 무, 그 무심한 순환을 따라 오고 갈뿐인 순응의 무던한 고요. 누워 있는 그를 일으켜 세운다. 삐걱거리며 그가 겨우 선다. 가볍게 말라가는 헌신의 한생, 오랜 숲의 푸른 향기 가슴에 번진다.

못

저 못 빼려면 벽이 무너져야겠다. 못이 벽을 붙잡고 있는 걸까, 벽이 못을 붙잡고 있는 걸까. 저렇게 부둥켜안고 살다보면 한통속이 되기도 할까. 내 속에도 박힌 적 없이 박힌 못 하나 있다. 아직 덜 삭았는지 가끔 생채기를 낸다. 생채기와 싸우느라 뭉텅 잃어버린 시간들이 얼마인가. 생각해보니 애초 박힌 적도 없는 못을 가지고 헛 씨름 하며 산 것 같다. 평생 걸려 저렇게 편안한 그림 한 장 갖는 것인 줄 비로소 알겠다.

등잔불 아래서

어둠은 고요히 등잔불을 감싸고, 불빛은 숨을 낮춰
어둠 속으로 스며든다. 공간의 한가운데 있으면서도
제 그림자를 드리워 중심의 무게를 드러내지 않는다.
흐릿한 불빛 아래 사물들의 자태가 다소곳하다.
개별적으로 도드라지던 물건들이 날카로운 모서리를
지우고 풍경처럼 어우러진다. 궁색한 주인의 배경이 되어
묵묵히 닳아지고 있는 물건들. 문득 내 삶에 깃들어
존재하는 사물들의 의미 자각이 눈물겹다. 저것들은
사물이 아니라 내 일신의 소중한 일부였구나.
가까이 멀리, 눈멀고 귀먹어 보지 못 하고 듣지 못 하는
것들은 또 얼마나 많았을까. 의식의 빗장이 열리는
느낌이다. 아이러니하게도 침침한 등잔불 아래서.

스미다

노을은 스러지고 흔적만 희미하게
수평선 언저리에 남았다.
빛과 어둠이 섞이고 스미는 일이
이렇게나 고요하고 가뭇없다니.
하늘과 바다의 경계가 사라지고,
바다와 육지의 경계도 아슴푸레하다.
텅 빈 바닷가에 지칠 줄 모르는
한 곡조의 노래가 가득하다.
유장하게 부대껴온 세월 때문일까.
부서지면서도 굽이굽이 한가락으로
노래하는 파도 소리가 천연스럽고 편안하다.
저물어가는 너와 내가 저들처럼
섞이고 스며서 너울너울 파도처럼
넘나들 수 있다면 좋겠다.
어느새 푸른 별 돋아 서늘하다.

내 안에는 스무 개쯤의 바람이 산다.

2

코로나 시대 1학년
友
모순
구멍
얼룩
거리 두기
불편한 그림
오해
클래식과 상추
심연

코로나 시대 1학년

건아, 짝꿍이랑 잘 지내니?
짝꿍 없어요. 한 줄로 혼자 앉거든요.
친구들이랑 말은 해 봤어?
말하면 안 된대요. 코로나 전염된다고.
알림장에 공지가 뜬다.
학교에서 아이들이 말하지 않도록 가정에서도
훈육을 해달라는 내용이다.
운동장에 아이들 발자국이 사라진 지 오래….
집에서도 층간소음 때문에 사뿐사뿐 걸어야 한다.
재갈이 물리고 차꼬에 발이 묶인 어린 나무들
부풀은 찐빵처럼 살이 찌고 있다.

友

"지금 창밖을 봐요.
초승달이 너무 예쁘게 걸려 있어요.
은하철도 999로 연결되는 다리 같아요.
어린 왕자도 있네요."
생기 넘치는 그녀의 목소리에 웃음이 묻어 있다.
창문을 연다. 벽이 가로막혀 토막 난 하늘만 보인다.
달은 왼쪽 저 어디쯤 있을 거다.
달을 보려면 베란다로 나가야 하지만
그냥 있기로 한다.
눈을 감고 상상한다.
초승달, 은하철도 999, 그리고 어린왕자.
셋은 아주 잘 어울린다.
우리 또한 하나의 별일 터.
별이 별을 마주 보는 밤,
이순의 사막을 건너는 풍경이 아름답다.

모순

인간은 그다지 합리적이지 않다. 질서정연하게, 분명하게, 친숙하게 세계를 해석하고 싶은 의식 한쪽에 그 전부를 부정하는 모순의 세계가 존재함을 본다. 나는 그 둘 사이에서 끊임없이 합리로 모순을 다그친다. 모순의 부피는 좀체 줄지 않는다. 현실은 오히려 모순이 빚어내는 사태들로 충만하다. 모순과 합리의 긴장은 팽팽하다. 본질과 의미를 묻는 작업 속에서 그 모두 삶의 양태임을 인정하지 않을 수 없게 된다. 마침내 모순을 긍정하면서 삶의 의지를 실현하는 것이 부조리의 삶을 감당해내는 방법이라는 평범한 결론에 도달한다. 생각에서 몸으로 깨치는 시간이 이렇게 아득하다.

구멍

내 안에는 스무 개쯤의 바람이 산다. 바람 잘 날 없으니 정처도
없다. 흐리고 어두워지고, 울고 웃고 간혹, 깊어진다.
그날그날 즉흥적인 연주가 펼쳐진다. 예측할 수 없는 바람의
기교와 변주, 관객도 없는 객석은 언제나 아우성이다.
그 아우성을 뚫고 굽이치며 흘러온 것 같은데 돌아보니
제자리다. 바람을 삶의 응집력으로 다스리지 못한 까닭일
테다. 아니, 그 바람과 싸우기보다 지레 세상 틀에 안주해버린
나의 태만에 죄를 물어야 할까. 이미 대가는 치렀다고 한 말씀
일러준다. 내 삶의 허리에 숭숭 뚫린 구멍들이.

얼룩

나도 모른다. 내가 왜 이런 풍경들에 이끌리는지. 그 이끌림이 안에서 나간 것인지 바깥에서 온 것인지도 알 수 없다. 색이 먼저인지 무늬가 먼저인지도 명확하지 않다. 어떤 사태의 흔적, 대체로 그것들은 상처의 기색을 띠고 있다. 제법 매끄러운 표면을 유지하고 있지만 언제든 터지고 갈라질 것 같은 불안함이 엿보인다. 갈라진 땅의 무늬와 얼룩 속에서 소심하게 상처를 봉합해가는 궤적을 본다. 파격이라곤 없이 밋밋하게 내리뻗은 선들, 엇비슷 반복되는 가라앉은 색깔들, 시작과 끝이 예상되는 무난한 구도, 어느 담벼락에 그려진 빗물 벽화다. 그러고 보니 닮았지 싶다. 저것들은 바로 내 일상의 얼룩이다.

거리 두기

'내 탓이오.' 서정의 버릇은 반성이라던가. 습관적 반성은
자폐다. 갈등이란 내 모자람 서 푼, 네 모자람 두 푼의 합작
혹은 그 반대이거나 대충 그쯤이기 십상이다. 가장 불쾌한 건
지고 이김이 아니라 옳고 그름 사이에서 회피하는 것,
비겁하게 도망치는 것. 어떤 사태나 행위의 결과를 놓고
자신의 양심을 설득할 수 있다면 그걸로 된 것이다. 굳이
증명하고 인정받으려 하다보면 미궁에 빠질 수 있다.
때론 납득되지 않아도 흘려보낼 일이다. 마침내 흘러가는
시간 속에서 목숨을 걸었던 일들이 의미 없이 묻히고 스러지는
걸 보게 될 것이다. 현상에 매몰되지 않으려면 타인만 아니라
자신에 대해서도 거리 두기를 해야 한다.

불편한 그림

눈을 감고 가슴을 쓸어내린다. 알 수 없는 통증이 스쳐간다.
다시 실눈을 뜨고 곁눈질한다. 그가 힐끗 나를 본다. 아니,
나를 지나쳐 멀리 허공을 보는 것도 같다. 어디서 많이 본
듯한 눈빛, 무심한 것도 같고 쏘아보는 것도 같다. 인간과
짐승 사이 그 어디쯤을 덧칠 없이 표현한 느낌이다. 거칠고
분절된 터치로 그려낸 뒤틀리고 험상궂은 형상. 눈빛만큼은
형형해서 이것이 본래 인간의 모습이라고 외치는 것 같다.
정작 그가 그리고 싶었던 건 몸뚱이가 아니라 왜곡되고
분열된 자아였는지 모른다. 허울의 거푸집 속에서 잃어버린
인간의 야성을, 그다지 고상할 것 없는 인간의 건조한
욕망을 날것으로 보는 느낌이다. 문득 생각한다. 혹시
우린 스스로에게 부여한 너무나 고상한 가치에 얽매여 인간
본성에서 멀리 유리되어 있는 건 아닐까. 그의 그림에는
불편하지만 외면할 수 없는 진실이 있다. 들키고 싶지 않은
자기 안의 고독한 관능을 노골적으로 보여준다는 것. 허상과
위선을 벗어던진 후의 자신을 돌아보게 한다는 것. 에곤
실레의 불편한 그림 앞에서 쉬이 떠나지 못하는 이유가
그 때문인지 모른다.

오해

사는 것 자체가 오해 투성이다. 두 눈 멀쩡하게 뜨고도 다르게 보고 두 귀 멀쩡하게 듣고도 다르게 느낀다. 처한 조건이 다르니 다를 수는 있겠다. 문제는 그 다름이 오해로 변질되는 데 있다. 오해일수록 확신은 강해서 진실은 가려지고 관계는 어긋난다. 오해의 기저에 깔린 진실은 무엇인가. 인간은 사태의 진실에 얼마나 객관적으로 접근할 수 있는가. 과연 너와 나, 오해와 진실 사이의 크레바스를 건너는 일은 가능한가. 역사는 그 간극에서 일어난 사건들로 점철되어 있다. 흔히 전쟁이 그렇고 수많은 소설의 모티프가 그렇고 사랑과 이별 또한 그러하다. 과장되게 말하면 모든 문화가 오해의 해석이 아닐까 싶은 생각마저 든다. 그 역동적 틈바구니에서 예술이 꽃 피는 아이러니. 그런데 내 오해가 문학으로 승화되지 못하는 건 왜일까.

클래식과 상추

상추를 씻으면서 라디오에서 흘러나오는 사라사테의
찌고이네르바이젠을 듣는다. 물소리 때문에 바이올린의
선율이 제대로 들리지 않을 때는 잠시 물을 잠근다.
상추와 클래식이 안 맞는 짝이라는 생각이 든 것도 그때다.
고전음악은 왠지 엔틱 가구로 꾸며진 서재에서 커피를
홀짝이며 들어야 제격일 듯싶다. 고전음악이란 게 대부분
귀족들의 여흥을 위해 만들어진 것이 아니던가. 클래식을
좋아하는 귀와 설거지통에 들어 있는 손의 괴리는 크다.
그 둘을 조화시키기 위해 숨을 고른다. 현란한 사라사테의
곡이 끝나고 나서야 나는 현실로 돌아온다. 수도꼭지를
크게 열고 맘껏 흔들어 씻는다. 상추와 어울리는 건
쌈장이다. 서로 어울리는 것들끼리 놓아야 자연스럽다.
그것이 비단 상추와 클래식뿐이겠는가.

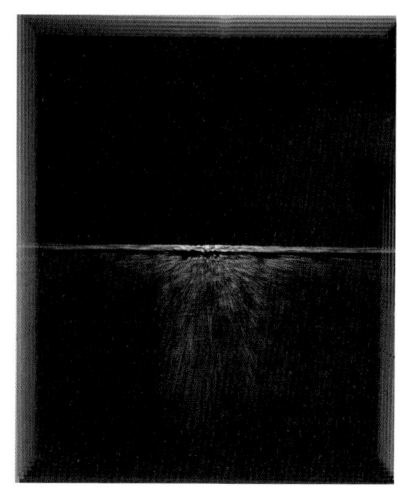

허명욱 작 〈무제〉

심연

새벽에 바슐라르의 글을 읽었다. 그의 문장은 나의 내면에
조용히, 깊게 스몄다. 그리고 사물과 나, 사람과 나 사이에 놓인
어둠에 빛을 비춰주었다. 그 어둠은 너와 나 사이에 가로놓인
무지였고, 그 이전에 내 안의 바위 같은 고정관념이었다.
보여지기를 바라는 세계, 내 눈은 비로소 흑암 속에서 형체를
드러내는 사물을 향해 열렸고, 나는 아이처럼 겨우 그것들을 더듬어
알아내려는 욕망을 가졌다. 그것이 하나의 사물이 되고,
관계가 되고, 그리고 이 세계의 존재하는 그 무엇이 되기까지
나는 또 얼마나 깊은 심연의 어둠을 건너야 할까?

시늉만 하면서 삶의 득음을 탐내지 말고, 울 테면 방짜 징처럼 제대로 울어라.

3

곧추세우다
득음
달팽이 뒷간
고도를 기다리며
관계의 지문
달동네
엄마
혼술
얼굴
간이역

곧추세우다

내리 사흘 눈이 쏟아지더니 칼바람이 불었다.
개심사로 가는 길목의 눈은 쌓여서 녹지 않고, 드문드문
차가 지나간 길은 유리알처럼 매끄러웠다. 꽝꽝 얼어붙은
저수지의 침묵은 완강했고, 민둥산 꼭대기 소나무는
바람을 못 이겨 허리가 휘었다. 백 년 수령이 무색하게
초라한 몸집은 나무가 살아낸 세월의 역경을 말해주고 있었다.
휘어지는 게 대수냐. 평생을 바람 속에 살아보라.
휘어지고 부러지고 뿌리째 뽑히는 일이 다반사다. 곧기로
고집하였으면 진작 부러지고 말았으리라.

진정 강한 자는 바람을 운명의 밑거름 삼아 성장하는 법이다.
살아남아야, 끝내 살아남아야 강한 자가 되는 것이다.
웅변이라도 하듯 나무는 솔잎을 바짝 일으켜 세웠다.
척박한 바위틈에서 맨몸으로 칼바람을 받아내는 나무,
오롯이 제 의지만으로 삶을 세워가는 나무의 푸른
결기가 나를 격려했다. 딛고 선 땅이 황무할수록 내성은
강해지는 법이라고, 작고 못생긴 나무가 천 년을
가는 법이라고…. 나는 휘청거리는 다리를 곧추세우고
씩씩하게 산등성이를 오르기 시작했다.

득음

온몸에 맷자국이 흡사 꽃처럼 흐드러지다.
나자마자 메로 맞고 담금질 당한 신세 같지
않게 기품이 있다. 세상에 무슨 팔자가 평생
두들겨 맞으며 노래를 불러야 한단 말이냐.
제대로 곰삭은 징의 울음이 깊은 골을 휘돌아
나오는 바람소리 같다. 부드럽고 묵직한
소리의 고즈넉한 여운이 가슴으로 밀물져 온다.
단순한 가락에 얹힌 수많은 곡절의 깊이가
넉넉히 헤아려지는 듯싶다. 과연 '모든 소리를
감싸는 포용의 울음'이라 할 만하다. 시늉만
하면서 삶의 득음을 탐내지 말고 울 테면 방짜
징처럼 제대로 울어라, 한 말씀 던지는 듯하다.
두들겨라. 두들기고 또 두들겨 패서 한번쯤
저 징의 깊디깊은 진짜 울음을 울어봐야 하지
않겠는가.

달팽이 뒷간

하필 서원 밖 '달팽이 뒷간'에 꽂혀 주변을 기웃거린다.
유생들이 드나들던 번듯한 기와 뒷간에 비하면 허접하기
이를 데 없다. 지붕 대신 한 평 하늘을 들였고, 문 대신
서원 뜰 한 자락을 들였다. 이끼 낀 진흙돌담은 달팽이처럼
안으로 휘었고, 풍화의 흔적이 스민 잿빛 이엉은 서원
지붕과 어우러져 한 풍경을 이루었다. 400년 세월이
무색하게 뒷간은 멀쩡히 제 구실을 하고 있다. 그 옛날
머슴들의 배설과 애환이 부려지던 '통시'의 공간. 뒷간 옆
배롱나무 꽃빛이 염천의 햇살처럼 뜨겁다.

고도를 기다리며*

무심코 식탁 위에 메타쉐콰이어 열매를 올려놓는다. 저만큼 위쪽으로 전등 그림자가 보름달처럼 떴다. 영락없이 모래사막 같은 무대가 펼쳐지고 거기 우두커니 앉은 현대판 디디가 보인다. 디디와 에스트라공은 여전히 고도를 기다리고 있을까. 똑같은 나무 아래서 똑같은 뒤척임으로 의미 없는 잡담을 주고받겠지. 종일 하는 일이라야 이따금 몸을 일으켜 어딘지 모를 먼 곳을 기웃거리는 것뿐. 기다림을 위한 기다림, 정작 무엇을 왜 기다리는지조차 잊어버린 채 생의 목적이 되어버린 기다림. 아마 기다리는 일이 사라진다면 그들은 목을 맬지 모른다. 오래 전 그 무의미의 드라마를 보면서 고단한 친구는 졸았고 나는 막막했다. 신기루를 좇다 놓쳐버린 길 어디쯤에서 다시 사막을 만난 느낌이었다. 디디의 가망 없는 눈빛과 공허한 몸짓은 우리의 자화상에 다름 아니었다. 지금도 머니에 절대적 환상을 품고 고도를 기다리는 사람이 얼마나 많은가. 기도처럼 어떤 보장도 없이 기다려볼 수밖에 없는 그런 기다림으로 날 새는 인생이 얼마나 많은가. 디디처럼 희망을 버리지 못한 나 또한 일상의 쳇바퀴 아래 머물러 있다. 오늘도 고도는 오지 않았다.

*사무엘 베케트의 '고도를 기다리며'에서 차용

관계의 지문

누구의 손길일까.
천의무봉인 듯 저 부드러운 곡선들은.
물결 문양이 잔잔히 새겨진 모래톱의 내력을 톺아 본다.
수로의 폭이나 깊이, 경사, 물의 양, 조도照度에 따라
물의 흐름이 달라지고 바닥에 그려지는 문양도 달라진다.
바닥의 무늬를 추적해서 하천의 환경과 변화를 알아내는 일이
용이한 것도 그 때문일 것이다.
그러니까 바닥의 모래톱은
그가 맺고 있는 관계의 지문地紋인 셈이다.
수로의 모래톱을 보면서 진짜 관계의 지문은
물밑에 있음을 깨닫는다.
상류의 모래톱이 온갖 불순물을 끌어안은 채 거칠다면
이것저것이 걸러진 하류의 모래톱은
문양이 곱고 경사도 가파르지 않다.
저만큼 자연스러운 모래톱의 형태를 갖추기까지
부대껴 온 시간을 헤아린다.
누구도 상류의 그런 거친 시간 없이
대하로 흘러가기는 어렵다는 것을 깨우쳐주는 듯싶다.

달동네

한낮의 골목은 주인을 잃은 지 오래다.
고요 속에 낯선 이들의 발자국소리만 어지럽다.
어둠이 내리고 분주한 하루를 접을 때쯤에야
골목은 제 모습으로 돌아온다. 하나둘 불이 켜지고
부스럭부스럭 사람의 온기로 아늑해진다.
문이 여닫히는 소리, 텔레비전 소리, 기침 소리,
압력밥솥 추 돌아가는 소리가 담을 넘는다.
으슥한 곳에 몸을 웅크리고 있던 고양이도 푸른 눈빛으로
골목을 어슬렁거린다. 하늘도 낮게 내려와
은하수 별밤이 되는 마을, 적막하던 골목마다
생의 기척이 별빛처럼 영롱하다.

엄마

어느 겨울 새벽이었습니다. 어머니께서 이불을 들추더니 한동안 내 다리를 어루만졌습니다. 그리곤 "우리 혜숙이 언제 이렇게 컸담…." 나지막하게 혼잣말을 하셨습니다. 손길은 따뜻하고 목소리엔 한없는 애잔함이 묻어 있었습니다. 뭔지 모르지만 뭉클해서 그냥 자는 척 누워 있었습니다. 사는 동안 한 번도 그 일을 말해 본 적이 없습니다. 그저 혼자 생각하다 가슴이 그득해지곤 했습니다. 어린 손주를 곁에 뉘고 그때 어머니 마음을 헤아립니다. 엄마가 무척 보고 싶습니다.

혼술

외롭지 않으신가? 그거, 한 줄기 바람 같은 거 아니겠나.
잠시 스쳐 가면 그뿐인. 잔술에 어린 한 줌 허기도
마찬가지지. 어느 시인의 말처럼 그것은 피할 수 없는 인간의
숙명이라네. 바람처럼 그것이 나를 찾아올 때 가만히 숨을
낮추고 맞아들이지. 그 놈은 저항할수록 거세지는 탄성을
갖고 있거든. 부대끼다 보면 요령이 생기기도 한다네.
더 이상 외롭지 않다면 그건 죽은 목숨이겠지. 바람처럼
그는 또 찾아오겠지만 이젠 허둥거리지 않을 걸세. 꽃 피고
지듯 피었다 스러지는 마음 풍경을 어쩔 것인가. 이젠 지는
풍경의 의미도 아껴 고요히 들여다보고 싶네.

얼굴

거리를 지나다 우연히 쇼윈도에 비친 내 얼굴을 보고 놀란 적이 있다. 누구더라, 세상 못마땅한 표정의 저 낯선 여인은. 쇼윈도 속 여인은 순식간에 사라지고 익숙한 얼굴이 나타났지만 스쳐간 그 인상을 잊을 수 없었다. 거울을 볼 때의 시선은 내가 나를 보는 시선이 아니라 남이 나를 보는 시선에 가깝다. 그 시선은 본래의 내 모습이라기보다 타자가 요구하는 포장된 이미지에 초점이 맞춰져 있다. 어느 순간 그렇게 만들어진 얼굴을 진짜 나의 얼굴로 착각하고 살았을 것이다. 쇼윈도 속 여인의 얼굴이야말로 과장 없는 그대로의 내 모습일지 모른다. 거울 속 나를 오래 들여다본다. '얼'은 시르죽고 욕망의 피로와 허기가 안개처럼 드리워져 있다. 겹쳐 떠오르는 또 하나의 얼굴. 초로에 접어든 렘브란트의 자화상이다. 외부로 보여지는 그림이 아닌 내면 깊이 침잠해 들어가는 성찰의 수단으로 자신의 얼굴을 그리기 시작할 무렵의 자화상이다. 그의 시선은 바깥이 아니라 자신의 내면을 향해 있다. 어둡고 깊다. 진솔한 삶의 고백 같던 그 표정 앞에서 느꼈던 감정의 소용돌이, 바로 나 자신을 향한 것이 아니었을까. 연민으로 나의 민낯을 끌어안는다. 덧칠하지 않은 표정 위로 맑은 슬픔 한줄기 스쳐간다. '그래, 괜찮다' 어루만지는 눈길이 축축하다.

간이역

장항선 완행열차가 기적을 울리며 산모롱이로 꼬리를 감춘다. 밤콩처럼 낯빛이 검은 노인들 몇이 올망졸망한 보퉁이를 들고 역사를 빠져나간다. 나는 맹렬한 땡볕 아래 혼자 플랫폼을 지키고 서 있는 '청소역' 이정표에 눈인사를 건넨다. 한 시절을 감당하던 기상은 사라지고, 녹슬어가는 몸엔 '광천·대천' 글자가 살비듬처럼 일어나 너풀거린다. 한때는 수많은 길을 거느렸던 영화로운 곳이었으나 이젠 썰물 밀물도 없이 고여 있는 간이역. 있어도 있지 않은 존재. 그 소외의 자리에서 묵묵히 지난 세월을 보듬고 낡아가는 청소역의 풍경은 등 돌리고 홀로 앉은 노인의 뒷모습만큼이나 애잔하다. 하긴 쇠락해가는 것들의 마지막이 그러할 테다. 한때는 흥성했으나 폐허가 되어버린 시골 장터가 그렇고, 백발이 되어 홀로 남은 우리의 아버지들이 그러할 것이다. 낡은 간이역의 적막이 끝내 누추하지 않은 것은 온갖 희로애락을 제 안에 담고 발효시킨 저 무던함에 있지 않을는지.

각^覺의 그물로 순간을 포획하는 동안 나는 생생, 살아있다.

4

단풍
바람
동토의 어둔 시간을 건너
사랑
羽化
보내고 나서야 안다
해넘이
시간의 그림자에 지나지 않는다 해도
착각
너에게 가는 길

단풍

왜, 유독 너만 그렇게 붉은가.
그건 순전히
내가 너를
오래, 뜨겁게,
바라보았기 때문이다.

바람

바람은 산 자가 부득불 끌어안아야 하는 욕망의 산물이다.
비속을 벗어나지 못한 자로서
누가 욕망을 횡단해 살 수 있을 것인가.
인생살이 끊임없는 불화 역시
바람을 다스리지 못한 데 있을 테다.
철새들은 기류를 타고 구만 리 먼 길을 순행한다.
문제는 바람이 아니다.
그것을 삶의 동력으로, 욕망의 닻을 조절하는 항법장치로
유용하지 못하는 나의 어리석음에 있다.
바람이 만물의 한생을 관통하면서 부려놓은 다양한 무늬들,
그것이 바로 인생이라는 걸 깨닫는다.

동토의 어둔 시간을 건너

햇살과 바람이 물 위에서 희롱 중이다.
동토의 어둔 시간을 건너 온 해맑은
춤사위. 흘러 흘러 어디선가 꽃망울 팡팡
터뜨리고 있을 게다. 뒤척이던 쇠별꽃,
벼룩이자리, 개불알풀 환하게 꽃등
매달았을 테지. 나도 푸른 물길 따라
울렁출렁 봄 마중 가고 싶다.

사랑

내 가슴에 눈물 차오를 때야
비로소 보이네,
타인 눈가에 어린 슬픔.
두 마음이 만나
따뜻한 눈물이 되네.
눈물과 눈물이 손잡고
세상을 건너네.
마침내 사람人이 사랑愛이 되네.

羽化

우화를 꿈꾸는 밤은 길다.
깊고 아득한 어둠을 건너
허물을 벗는다.
눈부신 푸른 날개,
지상의 숲을 뚫고
불후의 노래로 비상한다.
마침내, 빛살처럼 한 사랑에 꽂혀
생을 종결하는
매미의 저 맹렬한 생의 찬가.

보내고 나서야 안다

봄은 연두로 온다. 출렁이는 물결처럼 가슴으로 온다. 곱다. 저리 고울 수가 없다. 초록이 고우면 더 이상 젊은 나이가 아니라더라. 보내고 나서야 안다. 천지사방 피어나던 연두의 봄, 그 속수무책의 들썩거림, 그 뜨거운 피돌기도 다 한때라는 걸. 이젠 물러앉아 풍경을 보듯 살라 한다. 눈부시게 화사한 것들, 우쭐우쭐 흥겨운 것들, 그저 잠잠히 바라보라 한다. 어쩔거나. 욕망은 봄 나무처럼 천방지축 내 안의 벽을 넘고 세상의 경계를 넘으려 하거늘. 온몸 구석구석 푸른 물 돌아 가지 휘게 꽃 피워내는 봄 나무이고 싶다.

해넘이

승천이라도 하려는가.
해넘이에 은행나무,
황금빛으로 옷 갈아입고
날개 손질 중이시다.

시간의 그림자에 지나지 않는다 해도

물은 수시로 들고나고,
구름은 천성이 방랑자다.
풍경은 시시각각 바뀐다.
그것이 설혹 시간의 그림자에 지나지 않는다 해도
이 순간, 여기 있음, 그 자체로 족하다.
生은 순간의 현재.
覺의 그물로 순간을 포획하는 동안 나는 생생, 살아있다.

착각

보이는 게 다인 듯,
얼마나 많은 착각 속에 살아온 것일까.
어느 봄 산비탈에서 만난 빨주노초파남보,
눈부신 빛살.
얼마나 무심하게 지나쳐 온 것일까,
저토록 황홀한 생의 순간들을.

너에게 가는 길

태초에 사랑이 있었네.
그 사랑이 우주를 낳고, 생명을 낳았네.
우리는 모두 하나의 우주,
그 우주에 깃들어 사는 지구별 가족이라네.
심장에 심장을 포개고 싶네.
나에게서 너에게로 가는 길,
유한을 가로질러 영원에 이르는 길,
오직 사랑이라네.

새가 되지 못한 나의 욕망은 오늘도 모방의 언저리를 구차하게 맴돌고 있다.

5

국광 사과
소풍
어미
지상의 별
풍경
모방
흔들리며 산다
오래된 이야기
분홍 코끼리
한 줌 재가 될지라도

국광 사과

빨강 나일론 잠바와 엑스란 내복으로
겨울을 나던 그 해,
어머니를 따라나선 장터 상회에서 나는
방울이 달린 털외투를 처음 보았다.
꽃무늬가 그려진 고무신이며
몽실몽실한 털신 앞에서
내 검정 운동화는 너무 초라했다.
아버지의 겨울 잠바를 사면서 어머니는
몇 푼의 돈을 깎기 위해 실랑이를 벌였다.
모진 소리를 들어가며 물건 값을 깎은 돈으로
어머니는 국광 사과 몇 개를 샀다.
그 저녁 사과를 베어 물며 나는
목이 메었다.

소풍

새로 산 운동화를 신고 인조대왕 능으로 가을 소풍을 갔다.
초등학교 일학년 때였다. 어머니는 한껏 단장시킨 막내
남동생 손을 잡고 점심시간에 맞춰 오셨다. 여섯 살 여동생은
꽃신을 신고 따라왔다. 아버지는 바쁜 농사일 때문에 오시지
못했다. 네 식구는 잔디밭에 둘러앉아 짠지무침에 계란말이를
반찬으로 점심을 먹었다. 임금님 무덤 앞에 나란히 서서
사진도 찍었다. 나는 까만 운동화 신은 발을 가지런히
모으고 여동생 옆에 섰다. 환한 가을날 찍은 그 흑백사진을
들여다보며 나는 울었다. 새파란 어머니, 새싹 같은 내
막냇동생…. 모두 떠나고 여동생과 나 둘만 남았다.

어미

엉겅퀴가 밤새 소복이 알을 슬어 놓았다. 고심이 컸겠다. 바람 한 자락 토양 한줌 없는 거실에 제 새끼들 부려놓고 저는 쭈그렁 알몸이 되었다. 슬어놓은 알더미 속에 장미꽃 이파리 몇 개 띄워놓고 노심초사 바라보고 있을 테다. 알은 실해서 금방이라도 날아오를 듯 부풀어 있다. 보드라운 솜털 사이 돌기의 뱃심이 단단하고 야심차 보인다. 제 받아줄 곳 만나면 금방이라도 돌진하여 제 몸을 내리꽂을 것만 같다. 저토록 많은 알을 품고 키워내느라 어미는 그토록 까칠하고 억세었나보다. 제 몸이 댕강 잘려 희멀건 유리병에 위리안치 되어도 새끼만큼은 포기할 수 없었던 게다. 나는 알들을 고이 안아 넓은 세상으로 날려 보냈다. 알들은 은빛 갈기를 휘날리며 멀리 날아갔다. 알들을 보내놓고야 엉겅퀴는 비로소 고개를 꺾었다.

지상의 별

전동차가 한 번씩 정차할 때마다 구름처럼 사람들이 쏟아져 나왔다. 역사를 빠져나온 사람들이 총총 어디론가 사라졌다. 늦어지는 사람을 기다리며 추위에 떨던 나는 문득 그 모든 사람들이 돌아갈 곳이 있다는 것에 안도했다. 저녁이면 집에 불이 켜지고 식구들이 모여든다는 것, 그 평범한 일상의 쳇바퀴는 얼마나 눈물겨운가. 집집에서 흘러나오는 불빛이야말로 지상의 아름다운 별이 아니랴.

풍경

그는 내게 하나의 풍경이다.
일상이 흐리고 비가 내릴 때 가끔
그 풍경을 찾는다. 그는 풍경처럼
무심하고 나도 그 무심함에 익숙하다.
그런 채로 그는 늘 거기 있고
나도 늘 여기 있다. 무심함에도
세월의 켜는 앉아서 그리움이라는
유대의 기미가 어른거린다.
애초 풍경이란 관조의 대상일 뿐
소유의 대상이 아닌 것. 끝내 서로
풍경에 녹아들지 못한 채
풍경 바깥을 서성인다.
나 홀로 저 홀로 그렇게 저물고 있다.

모방

"우리의 욕망은 모두 예외 없이 타인의 욕망을
욕망하면서 발생한다."- 르네 지라르

삶은 모방의 연속이다. 어려서 배우는 말에서부터
성장하면서 동경하는 대상, 소유와 욕망에 이르기까지
모두 모방에 바탕을 두고 있다. 모방과 재현에 능한
사람일수록 탁월한 지위와 부, 권력을 갖게 된다.
연예계의 스타가 그렇고 잘나가는 기업이 그러하며
창의성을 생명으로 하는 예술계도 예외는 아니다.
모방이라는 기초 없이 자신만의 한 세계를 이루기는
어렵다. 내 글쓰기 또한 내 삶의 모방인 셈이다. 내
삶이 누군가의 모방이었다면 모방을 모방한 모방의
글쓰기라고 해야 할 것이다. 따지고 보면 아무 것도
순전한 나의 것이라 할 만한 게 없다. 때로 그 해석은
나라는 시선에 갇혀 굴절되기도 한다. 재미있는 건
그 때문에 이미지의 변주가 발생하고 다양한 해석과
확장된 세계가 열리기도 한다는 것이다. 새처럼 하늘을
나는 저 비행기, 애초 그 엉뚱한 모방의 욕망은 얼마나
눈부신 것인가. 새가 되지 못한 나의 욕망은 오늘도
모방의 언저리를 구차하게 맴돌고 있다.

흔들리며 산다

흔들리는 자가 흔들리는 것을 본다. 흔들리는 것들이 흔들리는 것들을 끌어안는다. 흔들림이 없다면 삶의 깊이와 넓이를 확보하기 어려울지 모른다. 흔들림은 마음의 길을 찾는 작업이고, 자기 자신에 이르는 지난한 여정이기도 하다. 두려운 건 흔들림이 아니라 흔들림이 지시하는 방향일 테다. 흔들리는 것과 흔들리지 않는 것을 한눈에 통찰할 수 있다면 세상 견고하게 보이는 것들의 허상에 매몰되지 않을 수 있으리라. 하여 흔들리는 여기, 이 자리를 마다하지 않는다.

오래된 이야기

텅 빈 방에 방석 하나. 비었으나 그득하다.
한 생애를 품고 있는 공간의 여백이 어찌
가벼우랴. 시간에 풍화된 낡은 흔적들 속에도
내력은 선연하게 살아있다. 한 장의 방석으로
남은 어느 가장의 생애, 아랫목 저 구들엔 아직도
온기가 남아 있을 것 같다. 누추하지만 따뜻한
방. 자분자분 들려오는 오래된 이야기에 귀를
기울인다. 한바탕 울다 웃다 제 곳으로 돌아간
풍경, 긴 주석을 달지 않는다. 희로애락으로
출렁이던 한 생도 종내는 저렇게 고요하고
가벼워지는 거라고 담담하게 한 말씀 던지는
듯하다.

분홍 코끼리

내 안에는 분홍 코끼리가 살았다. 언제부터 동거를 시작했는지는 정확히 알 수 없다. 그의 덩치가 시야를 가릴 때까지 의식하지 못했다. 이따금 눈을 가리고 마음을 가렸다. 내 하루를 뭉텅 잘라 먹기도 했다. 소나기가 쏟아지고 천둥번개가 치기도 했다. 그런 날 나는 어둠에 갇혀 헤맸다. 더러 그와 맞서 볼 생각을 하지 않은 건 아니었다. 십중팔구 속수무책이었다. 말갛게 눈을 뜨고 그에게 졌다. 분홍 코끼리가 웃었다. 이성理性, 잘난 척 해 봐야 넌 하수야. 그가 나의 군주가 되고서야 깨달았다. 그의 다른 이름이 바로 집착이란 걸.

한 줌 재가 될지라도

내가 선택하지 않았고, 내가 원하지 않은 현실에 던져지는 것을 피투被投라 하던가. 나고 죽음이 그러할진대 허망한 그 말을 부정하기 어려울 것 같네. 폼페이 폐허 한 여인의 화석 앞에서 시기와 우연한 현실에 무방비로 내던져지는 인생을 생각했네. 기원 79년 그날도 폼페이 거리엔 장이 섰을 테지. 화덕의 빵이 노릇노릇 익어가는 중이었을 걸세. 빵을 굽는 젊은 부부의 얼굴은 활기에 넘쳐 있었을 거고. 골목 어귀에선 연인을 기다리는 눈썹 짙은 청년이 꽃다발을 든 채 서성이기도 했겠지. 선잠 깬 아기를 달래느라 젖을 물린 채 졸음에 빠진 어미도 있었을 거네. 마침 날씨는 화창하고 물빛은 파래서 좋은 일이 있을 것만 같은 날이었을 거야. 아무렇지 않은 일상이 참 무심하게 펼쳐지던 그 날, 바로 그 날, 베수비오 화산이 폭발했지. 엄청난 굉음과 함께 주민들은 순식간에 비처럼 쏟아져 내린 화산재에 묻히고 말았네. 그 후 폼페이는 잊혀진 전설 속의 도시가 되었지. 1800년이 지난 후에야 서서히 봉인이 풀리기 시작했네. 잿더미 속에서 화석으로 환생한 그녀가 내게 묻는 듯했네. '폼페이가 그랬듯 인생 하차 예고 없이 들이닥칠 텐데 어떻게 살 텐가?' 그때 아뜩한 진공 속에서 폐허에 돋아난 한 포기 풀을 보았네. 나는 떨리는 가슴으로 화답했네. 부서질 때 부서질지라도 살아있는 순간은 뜨겁게 살 것이라고.

지금 이 순간, 너의 숨을 쫓아가는 시선은 어디에 있는가.

6

웃음
절창
복제
줄
허상
와화 瓦花
소금창고
노을
인어공주
숨

웃음

새벽 군불을 때는 소리와 함께 문틈으로 스미던 청솔연기에 잠 깨어 나른하게 뒤척이던 어린 시절, 그때 내 웃음도 저리 환했을까. 문득 잃어버린 나의 웃음과, 더 이상 '즐거운 우리 집'을 노래하지 않는 고독한 개인들을 떠올린다. 60년 남짓한 세월의 눈부신 변화는 우리 마음의 황폐를 대가로 이루어진 것인지 모른다. 이 풍요한 물질문명의 시대에 사람들이 느끼는 마음의 가난은 잘 웃지 않는 얼굴로 드러난다. 아니, 웃음조차 상품화 되어버린 세상이다. 과연 웃음을 내어주고 우리가 얻은 것은 무엇일까. 더 이상 우리 집일 수 없는 이 시대 '우리'의 부재, 그것의 성찰에서 잃어버린 나의 웃음을 되찾을 수 있을까.

절창

천 리 밖 사람들 불러들이는 고불매 향기
백양사로 들어서는 걸음이 휘청, 어지럽다.
구부러진 허리에 꽃 피었다.
꺾여 뭉툭한 가지에도 피었다.
썩어문드러진 가슴 한복판엔 붉게 새 꽃 피었다.
구부러짐도 꺾임도 썩음도 내 생의 무늬,
오로지 꽃 피는 게 제 일인 듯
삼백예순 해 절창이다.

복제

"인생이란 결국 반복하면서 변화하는 이미지의
시리즈 아닌가요?"-앤디 워홀

경주 박물관 부처 사진 앞에서 앤디 워홀의 작품 '매릴린 먼로'를 떠올린다. 대중적 스타를 팝아트라는 예술로 등장시킨 워홀. 정숙해야 할 부처의 이미지 앞에서 이 뜬금없는 연상은 무엇인가. 일상의 오브제를 예술품으로 승화시킨 워홀의 도발적 상상력과 파격을 빌미로 타인의 사진을 사진 찍으며 복제하는 불편함을 변명하고 싶은 걸까. 부처의 등은 사라지고 식상한 복제의 흔적만 자욱하다.

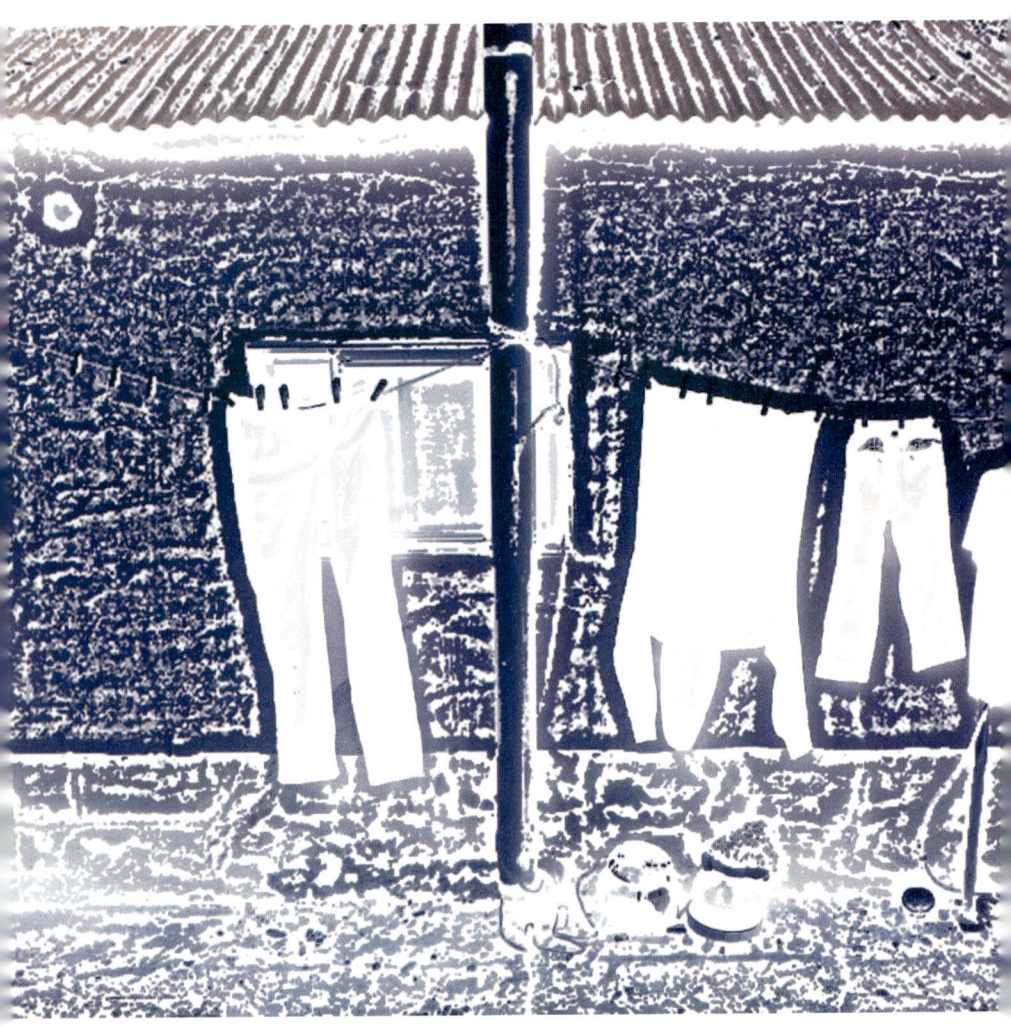

줄

빨래가 춤을 춘다. 하늘처럼 푸른 벽이 무대다. 물구나무 선 윗도리, 내리뻗은 아랫도리, 삐딱하게 걸린 티셔츠에 모처럼 개운한 표정의 수건이, 골목바람 장단 삼아 너울너울 춤을 춘다. 무거운 짐 부려놓고 훨훨, 날아가고 싶은 걸까. 제 몸을 줄에 구속한 주인이 야속할 테지만 줄이야말로 마음껏 춤출 수 있는 안전띠인지 모른다.

허상

잔잔하던 수면에 물이랑이 인다. 고요하던 나무 그림자가
잘게 부서진다. 나무는 사라지고 물이랑만 어지럽게
일렁인다. 바람이 물을 흔들고 물이 그림자를 흔든다.
부서지는 그림자 속에 욕망과 불안에 흔들리는 내가 있다.
형태를 알아볼 수 없는 무형의 덩어리. 견고한 듯 보여도
물러 터져 속이 비어져 나오는 존재. 잔바람에도 온 존재를
기우뚱거리는 내가 보인다. 그림자는 진짜가 아니다.
왜곡된 욕망이 만들어낸 허상이다. 그럼에도 실체 없는
허상에 갇힌다. 그림자에 숨은 욕망의 실체를 분별할 것.
자기 안의 그림자를 해체하고 처절하게 깨부술 것.
그리고 진짜 자기 욕망으로 설 것.

와화 瓦花

사시절 귀동냥의 깊이로 피워낸
환희심 歡喜心의 꽃.
한 땀 한 땀 불당 기와에 수를 놓는 동안
가을볕이 깨금발로 산사를 건넌다.
바람도 무심을 익히는지
온 절간이 고요하다.
만개한 와화 瓦花,
잘 익은 노승의 불심 같다.

국화잎지의

소금창고

스러져가는 기억을 붙들고 소금창고, 겨우 서 있다. 염부의 소금사리는 갈대 뻴기 무성한 갯벌에 희끗한 흔적으로 남았을 뿐. 텅 빈 씨방 안으로 스산한 바람이 들랑거린다. 상처뿐인 소래염전의 옛 영화, 수탈의 기억을 매만지며 묵언에 든다. 홀로 적막한 풍경이 되어 저물고 있다.

노을

그림자 붙잡고 산 세월이 길었다.
허기졌다. 그럴수록 세게 움켜쥐었다.
머리에 매화 흩날리는 이순 고개,
움켜진 손엔 바람만 가득하다.
쥔 손 펴니 서산머리 노을 걸렸다.

인어공주

마녀는 인어공주에게 왜 하필 목소리를 요구했을까. 말이 없이는 사랑이 이루어질 수 없다는 걸 간파했던 걸까. 몇 마디 말로 미혹되는 사랑의 가벼움을 꿰뚫고 있었던 걸까. 혹은 오르지 못할 나무를 넘본 죄에 대한 가혹한 거세일까. 자신의 목숨을 되살릴 기회를 기꺼이 사랑에 헌신한 것은 아름다운 결말일까. 아니, 단지 잘 생긴 왕자라는 이유로 사랑이 시작되는 그 사랑은 진짜 사랑일까. 그 순정의 역할은 왜 꼭 여자여야 할까? 그리고 우연한 상황에서 거짓말로 왕자와의 결혼을 획득한 공주의 행동은 온당한가? 한나절이면 흔적도 없이 사라질 이슬방울의 매혹, 사랑을 이루지 못한 인어공주의 젖은 눈망울 같다. 거기 가망 없는 사랑을 꿈꾸는 현대판 인어공주들의 욕망이 위태롭게 얼비친다. 영롱함 속에 깃든 비극의 기미가 서늘하다.

숨

K가 물었다. "세상에서 가장 중요한 게 뭔지 아냐"고.
'가장'이란 말에 붙들려 짐짓 고민하는 체 했으나
대답은 진부했다. 그럴 줄 알았다는 듯 K가 말을
받았다. "건강, 사랑, 그보다 더 중요한 건 숨을
잘 쉬는 일"이라고. 나는 대놓고 웃었다. 숨 쉬는
일보다 쉬운 일이 어디 있다고. 그의 말을 귓등으로
흘려들었다. 달포쯤 지나서였다. 악산을 뒷동산
오르내리듯 달음질치던 지인이 갑자기 숨을 놓았다.
숨을 놓으니 더 이상 사람이 아니었다. 숨은 곧
생기였고 목숨이었다. 목숨은 숨이 들랑거리는 붉은
얼굴, 윤기 흐르는 검은 눈… 소통, 노래, 의지였다.
숨이 없으면 모든 것이 헛것이었다. 존재의 없음,
영원한 부재, 무^{無}였다. 숨을 놓은 그가 나를 일깨웠다.
한순간 들고나는 숨에 생사가 갈리는 거라고. 숨은
천지에 가장 아름답고 귀한 것이라고. 지금 이 순간,
네 숨을 쫓아가는 시선은 어디에 있는가.

광속으로 흐르는 시간 속에서 예고 없이 하차가 선고될 때
나는 어디에 있을 것인가?

7

You
허공
편도 티켓
시키는 대로
한 장의 사진
빈손
흑·백
그림자
종묘 앞에서
코로나 시대

You

비밀번호를 누른다. 기척이 없다. 늘 사용해 오던 번호다. 다시 꾹꾹 눌러봐도 여전히 침묵이다. 그래도 내 기억을, 내 믿음을 의심하지 않는다. 끝내 너에게 들어가는 문은 열리지 않고 나는, 밖에 서 있다⋯. 다시 비밀번호를 누른다. 세상에 사는 동안 '너'는 영원히 나의 문일 것이므로.

허공

단호하다. 추호의 망설임도 없다. 뒤돌아보는 일은
용납할 수 없다. 관계, 중요하지 않다. 오직 위를 향한
질주만 있을 뿐. 고지가 멀지 않다. 그의 시선은 늘
다음 걸음을 떼기 위한 발끝에 집중되어 있다. 가파른
계단의 끝이 어디로 향해 있는지 보려고 하지 않는다.
아니, 보이지 않는다. 마침내 종점이다.
虛·空이다.

*사진/설치미술가 김창일의 작품 〈성공〉

편도 티켓

인생은 다시 돌아올 수 없는 편도 티켓이다.
우리는 선택의 여지없이 편도 티켓을 쥐고
인생이라는 열차에 탄다.
열차는 쉼 없이 시간의 쳇바퀴를 돌리다
우리를 생의 종점에 내려놓고 사라진다.
혹자는 역사의 한 페이지에 이름을 올리기도 하지만
대부분의 궤적들은 시간의 모래밭 속에 흔적 없이 묻힌다.
광속으로 흐르는 시간 속에서 예고 없이 하차가 선고될 때
나는 어디에 있을 것인가?

오토 아돌프 아이히만(Otto Adolf Eichmann, 1906~1962)

시키는 대로

"행정적 절차에 따라 시키는 대로 했을 뿐이다."*
아이히만은 그 절차에 따라 600만 명 유태인을 학살했다.
수용소 굴뚝에선 날마다 연기가 피어올랐다. 그는 성실한
공무원이었다. 소설《롤리타》를 음탕하다고 읽지 않을 만큼
도덕적인 사람이기도 했다. 그는 법정에서 당당하게 말했다.
시키는 대로 했을 뿐이라고. 판사가 '그때 당신의 양심은 어디
있었느냐'고 물었을 때도 그는 같은 말을 되풀이했다.

'시키는 대로' 나도 살면서 여러 번 그 말 뒤에 숨었을 것이다.
한나 아렌트의 말대로 '악의 평범성'이란 스스로 생각하고
판단하지 않는 자의 고의적 태만이다. 진리에 접근하려면
달콤하고 눈부신 환상이 아니라 확인되고 입증될 수 있는
진실에 판단력과 의지를 사용해야 한다. 그렇게 하지 않을
때 우리는 또 다른 수용소, 모든 것이 교환가치로 거래되는
현대 물신주의 수용소의 사물事物로 살아갈지 모른다. 과거의
잔혹사뿐 아니라 '인간' 그 자체의 위기를 증언한다는 점에서
아이히만의 발언과 재판은 여전히 유념해야 할 사건이다.

*600만 명 유태인 학살에 책임이 있는 나치 전범 아이히만의 말.

한 장의 사진

로마를 여행하며 찍은 수많은 사진 가운데 유일하게 나를 돌아보게 하는 사진이 있다. 제국의 위엄을 갖춘 성 바티칸을 나와 어느 성당 입구에서 만난 사제의 조각상이다. 온갖 숭고미와 눈부신 수사로 은폐된 탐욕과 위선의 전시 속에서 모처럼 만나는 진솔한 고백 같다. 그렇게나 화려한 치장이 필요했을까? 내 무릎을 꿇게 하는 건 거대한 종교적 형상과 천국의 위로가 아니다. 냄새나고 썩어가는 존재를 같은 위치에서 보듬고 바라보는 따뜻한 눈길이다. 화려한 천상이 아니라 쟁투로 얼룩진 지상을 향해 고개를 꺾은 저 고뇌 어린 시선이다.

빈손

빈손이나 흔들고 있다고 비웃지 마라.
양손에 움켜쥐려다 덧없이 사라지는 게 누구던가.
겨울 빈들에 당도해서야 깨닫게 되나니 사람아,
허수아비의 虛手에서 닥쳐 올 인생의 겨울을 돌아보라.

흑·백

한 가지 목소리만 나오는 사회는 죽은 사회다. 일방통행의 세상이란 얼마나 끔찍한가. 목소리가 다양할수록 세상은 역동적이고 개개인의 삶 또한 풍요로울 것이다. 내가 좋아하는 파랑과 네가 좋아하는 빨강이 나란히 서서 아름다운 무지개를 만들어 낼 수 있다면 오죽 좋으랴. 왜 꼭 어느 한 색이어야 한단 말인가. 소수가 주동하는 편 가르기의 서늘한 경계에서 피바람 불고 애꿎은 백성 죽어나간 역사는 과거로 족하다. 리영희 선생의 말씀처럼 새는 '좌·우'의 날개로 나는 것. 이젠 흑과 백이, 너와 내가 함께 날갯짓해서 더 멀리, 더 높이 날아가는 세상을 꿈꿔도 좋지 않을까.

그림자

보이는 그림자의 낭만적 이미지에 비하면 보이지 않는 그림자의 은유는 은밀하고 위험하다. 욕망과 자본이 결탁하여 만들어내는 형형색색의 눈부신 그림자를 보라. 그 그림자에는 치명적 중독성이 있다. 무저갱 같은 식욕으로 거꾸러질 때까지 탐식하게 만든다. 사람들은 거기 빠져 죽을지언정 그림자의 환영에서 벗어나기를 원치 않는다. 그 욕망의 틈새를 파고드는 맘몬신의 공격은 집요하다. 우리는 날마다 그것들의 환상적 그림자에 속아 울고 웃는다.

세상은 지금 그 욕망의 그림자로 어두컴컴하다.
문제는 돈과 권력 자체가 아니다. 그것들이 약속하는 신기루에
눈 먼, 우리의 맹목적 질주다. 플라톤의 동굴 우화는 본질과
그림자 사이에서 그림자가 전부라고 믿는 사람들의 어리석음을
시사하고 있다. 실체와 그림자를 구분하지 못할 때 환영에 갇힌
노예의 삶을 살 수밖에 없다는 우화의 메시지는 여전히 경고로
삼을 만하다.

종묘(宗廟) 앞에서

'핑크핑크' 양복에 백구두를 신은 노인이 우쭐우쭐 춤을
춘다. 세상 시름 내 알 바 아니라는 듯 춤사위가 가볍다.
백주대낮 불콰한 얼굴로 '뭐 어때?' 오로지 제 멋에 겨워
무아지경이다. 기타 치고 나팔 불어 흥을 돋우는 패거리
속에서 초로 사내가 시위하듯 '내 나이가 어때서'를
목 놓아 불러 젖힌다. 가을볕 따라 옹기종기 나앉은
어르신들, 강소주 앞에 놓고 들썩들썩 추임새를 넣는다.
새파란 것들은 힐끗 눈을 흘기듯 지나치는데 사람들
사이사이 예비군모자 눌러쓴 한 남정네가 귓속말을
건넨다. "이번에 아무개 뽑아주면 오백 준대. 그거 받고
싶으면 그 사람 뽑아. 알았지!" 볼꼴 못 볼꼴 다 본
종묘 은행나무 흠칫 몸을 떠는데 단풍나무는 모르쇠
희희낙락이다. 아랑곳없이 질주하는 종로통 차량들,
무심하게 스쳐가는 사람들 속에 나도 묻혀 흘러간다.
종묘의 역대 제왕들 편안히 잠 못 드시겠다.

코로나 시대

안에서도 밖에서도 쉽게 열 수 없는 문,
굳게 닫힌 문.
문이란 문 죄다 열어젖히고
사람,
만나러 가고 싶다.

에필로그

눈빛 순한 이들에게
한 줌 볕이길….

노혜숙 포토 에세이

그늘이 그늘의 손을 잡고

인쇄 2022. 5. 20
발행 2022. 5. 25

지은이 노혜숙
펴낸이 서정환
펴낸곳 수필과비평사

서울시 종로구 삼일대로 32길 36 운현신화타워 305호
Tel (02)3675-3885, (063)275-4000 essay321@hanmail.net
출판등록 제300-2013-133호
인쇄·제본 신아출판사

ISBN 979-11-5933-257-9 03810

값 15,000원

ⓒ2022, 노혜숙
이 책의 저작권은 저자에게 있습니다. 서면에 의한 저자의 허락없이
내용의 일부를 인용하거나 발췌하는 것을 금합니다.
COPYRIGHT ⓒ 2021, Noe Hyesook
All rights reserved including the rights of reproduction in
whole or in part in any form.
저자와 협의, 인지는 생략합니다. 잘못된 책은 바꿔 드립니다